Made in the USA
Monee, IL
20 September 2021

78473747R00073